문득, 아픈 고요

오성일 시집

문학의전당 시인선
157

문득, 아픈 고요

오성일 시집

문학의전당

시인의 말

하늘과 새와, 들판과 꽃과, 바다와 고래와 웃으며 놀리며 싸우며 화해하며 놀고 나니 하루가 시가 됩니다. 부끄러운 말들을 지우고 또 지우다가 그래도 서운해 남겨놓은 몇 마디가 시가 됩니다. 마음을 몰라줄까 두렵고, 마음을 들킬까도 두렵고, 적어놓고도 둘 데 없는 마음이 시가 됩니다. 몇 날을 외롭고, 외로움 뒤에 아프고, 아프다가 지쳐 잠든 마음이 시가 됩니다. 철없이 사랑인 듯 등에 업었는데 길은 아득하고 날은 저물어 후회를 벗어놓지 못하고 고생입니다. 살아가는 일이 그러합니다.

2013년 봄
오성일

차례

시인의 말

제1부 겨울, 변두리

때　13
겨울, 변두리　14
주정　16
가을 소나기　18
무창포에서　20
자국　21
영주사과　22
처세술　24
광화문, 총선 즈음　26
설거지　28
봄 같지 않은 봄이지만　30
뉴스에 안 나오는 얘기　32
긍정의 힘　33
이삿날　34
일어서라　36
패밀리마트　38

제2부 눈물의 이력

포장마차　41

영동선　42

눈 오는 밤　44

여수행 기차간　46

붉은 꽃　48

축수(祝壽)　50

메밀국수　52

눈물의 이력　54

검색　57

오래된 엽서　58

아줌마　60

물어볼까　62

뉘우침　64

안심　65

구룡포 고래 떼　66

불국사 부처님　68

낡은 집　70

제3부 섭섭한 상경

여승 73
가을, 둘레길 74
늙은 잎 76
무덤 77
꽃 핀다 78
개화기(開花期) 79
푸르른 날 80
연리지(連理枝) — 어느 신부에게 82
어둠 83
그림자에게 84
가자, 아이야 86
섭섭한 상경 88
내 편 90
세모(歲暮)에 92
코스모스 94
산사(山寺) 96

제4부 소란보다 아픈 고요

저녁 포구　99

소래포구길　100

저녁 무렵—12월　101

눈 온 아침—1월　102

기별—2월　103

봄 오던 날—3월　104

저수지에서—4월　105

하얀 핑계—5월　106

첫여름—6월　107

늙은 개—7월　108

도라지꽃—8월　109

처서 즈음—9월　110

아픈 고요—10월　111

단풍잎—11월　112

감　113

늦겨울　114

해설 | 문득 아픈 일상의 고요　115
　　　| 조동범(시인)

제1부 겨울, 변두리

때

제 몸의 때도
돈이 밀어주는 세상,
그게 못마땅한 나는
손 닿는 데까지만
때를 밀고서
등줄기에 한 뼘
때 자국은
붙이고 나온다
칠천 원이 없어서가 아니라
칠천 원에 감쪽같이
때를 지우고
때 한 점 없다는
간단한 낯빛으로
사우나를 나서는
사람들의 붉은 얼굴이
문득
무섭다는 생각에

겨울, 변두리

복개되지 않은 개천은
하루치의 악다구니를 내다버리기에 안성맞춤이었다
송전선에선 바람이 불 때마다 웅웅 울음소리가 났다
얼음 속에 말라 굳은 비둘기의 주검
썩지 못하고 얼어붙은 지난가을의 낙엽
세탁소 창 너머엔 다리미가 세워져 있고
부부는 묵은 김치로 때 지난 점심을 먹고 있었다
라디오에선 오늘도 어제와 똑같은 노래
오십칠 분 교통정보는 가다 서다를 반복하고
바람이 빠져나간 함석 연통으로 또다시 바람이 들었다
정권은 두 번 바뀌고
그 사이 자장면은 다시 짜장면이 되고
마을버스는 덜덜거리는 배기관을 달고 낡아 갔다
다들 아무 시비도 없이 지금은 겨울이라고 했고
겨울은 추운 거라 했다
가스 공급이 중단된다는 딱지를 물고
초저녁 개들이 종종걸음으로 사라진 공터
막차를 타고 온 사람들의 손에서는

검정 비닐봉지들이 파륵파륵 달빛 갉는 소리를 냈다
의정부행 전동차에 맞고 튄 돌멩이 하나가
비탈진 골목의 밤하늘을 가로지르고
처마가 낮은 집에 잠시 불이 켜졌다가 꺼졌다
지금은 겨울이라고 했고
다들 아무 시비도 없이 겨울은 추운 거라 했다
낡은 타이어가 얹힌 슬레이트 지붕 위로
축 재개발조합 설립 현수막이
환영처럼 나부끼는 밤이 있었다

주정

술을 잘 못 마시는 나는
그래도 내 술 좋아하는 친구들이 좋아서
술상 한 귀퉁이를 얻어 앉아 고개 끄덕이며
축축이 술에 젖어가는 얼굴들을 본다
한 잔 한 잔 술이 차오를 때마다
한 겹 한 겹 외로움에 젖어가는 친구들을 본다
오래 묵은 후회의 말들이 허름한 웃음에 섞여
쏟아지고, 쏟아져 구르고, 굴러 떨어지고
떨어져 차이고, 더러는 차여서 튕겼다가
물 젖은 바닥으로 내동댕이쳐지기도 하는데
그러면 입술이 두툼한 식당 여자는
살 발린 홍합 껍데기처럼 덜걱거리는
그 말과 웃음들을 덥석덥석 퍼 담아
미닫이를 반쯤 열고 밤거리에 쏟아버린다
붉지도 노랗지도 못한 멍게 모양으로
헛배 부른 나이를 먹은 사내들이
나잇값도 못하고 외로움에 마음을 헛디뎌
말 안 되는 말을 주절대기도 하고

전화기를 빠뜨리기도 하고
신발을 바꿔 신기도 하고
애먼 사람과 시비 붙기도 하다가
넥타이 헐거워진 목덜미를 추슬러
허청허청 허위허위 낡은 손발을 놀리며
짧은 밤의 숙소로 세상 모퉁이를 돌아가면
술 안 취한 나도
그런 날은 자꾸 달을 손가락질하며
마른 주정을 하다가 간다

가을 소나기

후두둑
소나기 퍼붓자
놀란 개구리처럼
버스정류소 지붕 아래로
뛰어든 사람들
아이 품에 안긴 강아지를 따라
젖은 머리털을 턴다
볼마다 발그레
늦가을 단풍물이 들었다

초면에 실례, 를 무릅쓰고
다닥다닥 잇댄 어깨들 사이로
따스하니 김이 오른다
이 작은 지붕 밑엔
남녀노소가 없다
보수도 진보도 없다
경상도도 전라도도 없다
순경도 도둑놈도

간수도 죄인도
의사도 병자도
사람도 개도 따로 없다

서로의 체온에 서로를 맡긴
잊어도 좋을 빚짐이 있을 뿐
당황스런 세상 살아가는 것들끼리의
돈 안 드는 신뢰가 있을 뿐
어깨에 어깨를 키 맞추고
해를 바라는 듬실한 기다림이 있을 뿐
젖어서 따스해진 생명들을 품은
가을 한낮의
어떤 경쾌한
이완이 있을 뿐

무창포에서

무창포 콘도에 짐을 푸니
겨울바다 전망에 입이 벌어집니다
삼백 몇 십 개 방들이 다 바다를 향해
칸칸이 전망이 다 좋답니다
여기 콘도가 있기 전
저 바다는 다만 하나의 풍경이었을 텐데
사람들이 칸마다 창을 열고
저마다 풍경 하나씩을 오려다 채웠습니다
더 커다란 건물이 들어서고
천 개 넘는 방들이 새로 생겨도
바다는 또 풍경 하나씩을 잘라서
방마다 꽉 찬 네모로 나눠줄 테지요
그런데 불현듯 걱정이 생깁니다
저 바다 겉으론 끄떡없어 보여도
육지 쪽에 방 하나씩 생길 때마다
억센 물힘 시름시름 잃어가진 않을지

자국

가슴팍 아래 한구석

파스 붙인 자리가

자근자근 욱신거리다가

어떤 날은 또 그 자리가

안절부절 근질거리다가

비 오는 늦은 봄의 어느 밤 지나

거적처럼 서글픈 파스를 떼어내면

화인(火印) 맞은 듯 벌건 자국 위에

끝내 읽히지 말자고 쓴 듯

이국의 문자로 획을 그리고

천 번은 구겼다 편 듯

짓물러 희미해진

난독(難讀)의 이름 하나

영주사과

영등포 청과시장 길바닥에 굴러 떨어진
영주사과, 저 촌놈
난생 처음 서울 올라온
경상도 영주 촌놈
부석사 올라가는 산비탈에서
사투리로 자란 촌놈
부석면 북지리 볕 좋은 언덕
봉황산 정기 먹고 힘 좋은 저 놈
배꼽에 솜털 벗을 무렵부터
또래 사과들 다 모아놓고
바위를 띄워 올린 신기한 사랑
선묘낭자 의상스님 러브스토리를
제가 다 봤다는 듯 풀어놓던 놈
알도 안 여문 것이 발랑 까져서
그 동네 꽃사과 여럿 건드렸던 놈
부석사 골짝에서 숭하기로 소문난 놈
햇살 노란 한낮에 부석사 월담해서는
선묘낭자 몸매 죽인다고

선묘각 초상 앞에 입 벌리고 섰다가
부처님한테 혼쭐이 났던 저 놈
서울 간다고 물색없이 들떠서
단양 제천 원주 여주 이천 지나며
사과 박스 작은 구멍으로
말똥 눈을 데굴데굴 굴리며 온 놈
서울 와서는 촌놈 행색 감춘다고
이마를 반질반질 매만지고
두 볼이 한껏 발그레해진 저 놈
그것까진 좋은데 서울 와서도
때깔 좋은 과일들마다 눈침을 놓고
그것도 모자라 지나가는 처자
몸매가 꼭 부석사 선묘낭자마냥 좋다고
엉큼스런 눈길을 흘리다가는
화들짝 놀란 치맛자락에 쓸려
영등포 청과시장 길바닥에
보기 좋게 나가떨어진 저 놈
영주사과, 저 저 촌놈

처세술

어릴 적 그 말
무슨 무시무시한 무술인 줄 알았다

처/세/술, 입술을 벨 것 같은 날선 발음
처/세, 세상을 처단한다는 듯 차진 살기의 어감
정의의 주인공이 악당의 마지막 숨을 끊을 때
온몸 부르르 떨며 복수를 완성하는 필살의 비기
한 번 쓰고 나면 승자도 기진해버리는 위험한 무법
처/세/술, 그런 야릇한 흥분을 주는 말이었다

나이 들어 그만 그 말의 마뜩찮은 뜻 알게 되고
옛날의 얼토당토않은 동경이 순식간 무너지고
처세에 능란한 자들의 비루한 행세를 목도하고
값싼 기술을 부려야 이기는 세상에 당황하면서
그 말은 찔레 내음 나는 소녀의 말에서
돈 냄새 퀴퀴한 노파의 말이 되어버렸다

나를 배신한 말

뒤통수 때리고도 여태 사과 한 번 안 하는 말
생각할 때마다 고까운 감정이 안 풀리는 말
처. 세. 술.

광화문, 총선 즈음

폐간된 신문사의 나무 현판에
살구 빛 저녁 햇살이 물드는 거리
한때는 윤전기를 박차고 나온
민주며 자유며 정의 같은 것들이
우당탕퉁탕 저 계단을 쏟아져 내려와
푸른 저녁 안개로 골목을 휩쓸고
아직 마르지 않은 검은 잉크가
뚝뚝 혁명의 향기를 뿌리고 가던 길
오늘 여학교의 마당 쪽으로
벚꽃잎은 분분히 날리어 가고
옛날의 함성으로 봄날은 목을 놓는데
중년의 여자처럼 허리 살이 두꺼워진
민주며 자유며 정의 같은 것들,
살찐 혀를 가진 사람들의 입에서
유행가 장단으로 흘러나오는,
두려움도 거리낌도 없이
아무나 제멋대로 헐값으로 부르는
민주며 자유며 정의 같은 것들,

나 버리고 돈 많은 놈한테로 시집간
어디서 여사님으로 잘 산다는 계집애 같은,
할인 매장 반짝 세일 매대에 놓인
균일가 이월 상품처럼 저렴해진 그것들

설거지

셀 수 있을 만큼
설거지를 한 내가
셀 수 없을 만큼
설거지를 한 아내를
본다

무심한 사내가
하고한 날
고봉밥 널름널름 받아먹고선
두어 톨 밥알로 묻혀 내놓은
짜증을 닦고
푸념을 닦고
핀잔을 닦고
그 터무니없는 어리석음을
이날까지 싹싹 닦아 준
아내를 본다

그렇게 나를 닦아

아침마다 말쑥하게
세상에 내보내 준
아내의
축축해진 마음 언저리
언제 한번 손 내밀어
닦아주었나

돌아서서 말없이
세월을 닦는 아내의
뒷모습을 본다

어떤 날은 무슨 뜻으로
설거지물 세게 트는
천진한 저— 사람을

봄 같지 않은 봄이지만

아직 늦추위가 기승이라고
귀 막고, 눈 감고 살진 마시게
민들레와 냉이꽃 흰제비꽃이
소백 지나 차령 넘어
손잡고 오는데
빈손뿐인 저것들
멸악으로 묘향으로 가기 전
노자푼이라도 주어야
휴전선 막고 선
문지기 병사에게
두 눈 찡긋
뒷돈 한 닢 찔러주고
넘어갈 것 아닌가

꽃부리가 젖니처럼 돋아난 땅이
하얀 잇속 드러내고 웃으면
철모 그늘 컴컴한 눈 밑에
꽃망울 같은 햇살이 벙그는 봄

거짓말처럼 기꺼운 그 봄이
저 너머에 꼭 한 번은 오고야 만다고
귓불 여린 저것들
작년처럼 입김 불며 길 떠나는데
목덜미에 아직 바람이 맵다고
귀 막고, 눈 감고 살진 마시게

뉴스에 안 나오는 얘기

몇 해 전
미국 어딘가에서
총기 난사로
학생 여럿이 스러졌단다

지금 한국에선
어디를 가릴 것도 없이
1교시만 끝나면
아이들이 좌르르
책상 위에 쓰러진단다

꽃 같은 것들이
매일 저렇게 고꾸라지는데
그 무시무시한 얘기는
뉴스에도 안 나온단다
이상하게도

긍정의 힘

그것 좋다는 거야 다 알지
아는데,
다만 나는,
아무 때나 긍정하고
아무거나 수긍하는
얼토당토않은 맹목
그게 못마땅한 거다
긍정의 틈바구니에
비집고 앉은
눅눅한 위선
그게 당최 거슬리는 거다
다시 말하면 나는,
긍정의 힘, 을 가장한
힘의 긍정
그게 끝끝내 두려운 거다

이삿날

변두리 아파트 꼭대기 층으로
사다리차를 타고
허름한 이삿짐 오른다

사람들 모두 예배당으로 떠난
비 갠 일요일 아침
화단에 민들레 풀꽃 한 더미
기웃기웃 그 광경을 살피다가
이사 오는 새댁을 참견한다

이 동네 재활용 쓰레기 버리는 날은
화요일이고
짜장면 배달은
길 건너 번개루가 제일 빨라요
그리고
부부싸움 할 거면
좁아터진 집구석 말고
여기 꽃밭에 와서 해요

사는 일이 더러
폭폭하고 추레해질 때도
여기 꽃밭으로 내려와요
그냥 쓰레빠에 맨발로요
아, 또 그리고
요새 놀이방도 겁나게 비싸다던데
애 맡길 데 없으면
일루 데려와요
뭐, 이웃 좋다는 게
다 그런 거 아니겠어요

일어서라

사내들은 누구나 기억하지
별도 얼어붙는 밤
언 맘을 녹이자고 얼큰히 술 한 잔 걸친 그 밤
된서리가 은하수의 가루처럼 내려앉은 마른 쑥밭에
뜨거운 오줌을 갈기던 그 밤의 정복감을
그 까만 어둠 속에서도
실한 김을 뿜으며 올라오는 지릿한 냄새를 두르고
수증기를 파바박 쏟고 거친 숨 씩씩거리는 기관차가 되어
누구 볼 테면 보라고 한껏 아랫도리를 뻐긴 채
오줌을 좌우로, 팔자로 내 갈기던 그 밤을
여자들이야 뭐 참 뻐길 것도 지지리 없다고 저질이라고
흥흥 피피 코웃음 칠지도 모르지만
여자들이 알긴 뭘 안다고
몸 한 번 부르르 흔들면 일없을 만큼
그때 그 배설의 기개는 푸지고 양양한 거였지
하긴 맨정신으로야 뭐
남자가 흘리지 말아야 할 것은 눈물만이 아닙니다, 라는

어여쁜 꾐에 하얀 소변기 앞으로 바짝바짝 끌려와
쪼르륵쪼르륵 착한 오줌을 누는 사내들이지만,
더더구나 요즘은 엉덩이를 까고 앉아서
양변기에 쪼롱쪼롱 오줌을 흘리는 사내들도 더러 있다지만
그래도 열 한번 확 받으면 야생마의 피가 끓는 종자
사내는 곧 죽어도 수컷 아닌가, 그러니 사내들아
세상 더럽게 추운 날
숨 콱 막히게 쪼그라들어 텁텁하고 갑갑한 밤
미친 척 죄다 모여, 한 줄로 일발장전, 오지게 한번 쏘아보자
뚫어버리자 이 소심, 비겁, 졸렬, 나약, 순응, 무력, 비루, 왜소 그 쩨쩨함
쓸어버리자 이 허위, 가식, 위선, 기만, 이기, 간사, 아부, 탐욕 그 뻔뻔함
후끈한 오줌으로 콸콸콸 무차별의 난사로
사내의 것이 아닌 것들을 다 녹여버리자
일어서라 이 땅의 사내들이여

패밀리마트

 불 다 꺼졌다. 한 작은 젊음에게 맡겨두고 세상 잠들었다. 밤새 편의점에서 젊음이 팔린다. 겉이 말끔한 비싼 가게에서 겉이 말끔한 값싼 젊음이 팔린다. 있을 건 다 있는 가게에서 있는 건 젊음뿐인 젊음이 하루를 판다. 폐쇄회로 카메라가 스물네 시간 젊음을 팔고, 스물네 살 젊음이 스물네 시간 내내 팔린다. 까만 밤, 어항처럼 투명한 방에 갇힌 젊음이 뜬눈으로 꿈을 꾼다. 도저히 깨지지 않을 것 같은, 단단한 저 유리벽 속에서 갈 곳 없는 꿈이 뻣뻣한 지느러미를 꿈틀댄다. 이력서 한 줄 채우지 못할 스물네 살의 고단한 밤, 패밀리마트.

제2부 눈물의 이력

포장마차

잘 안 드는 가위처럼
인생은 가도 가도
헛심만 억울하더라
변두리 역 마당에
포장마차 서넛
노숙의 무리처럼
때에 전 말들로
못된 놈의 세상을 욕하다가
거처를 옮기지 못한
철새의 날개를 하고
새벽달 지는 쪽으로
줄지어 간다
팽팽히 언 바퀴살 하나
박자를 놓치고
흐릿한 비닐창 안쪽에
함부로 포개져 쌓인,
한때는 꿈이었던
추운 밤의 후회들

영동선

밤기차를 배웅하는 건
언제나 집창촌의 불빛이었다
기차는 녹슨 궤도를 더듬어
차가운 고장의 도계(道界)를 건너고
주먹눈은 어둠보다 무거운 두께로
달려온 길을 지우고 있었다
강릉,
종착역은 있어도
목적지는 없었던 시절
철길 끝에 바다가 있다는,
더러는 거기서 해를 보았다는 소문을
떠난 사랑의 주소가 적힌
구겨진 쪽지처럼 주머니에 감추고
등대 모퉁이처럼 쓸쓸한 젊음은
해진 운동화 틈새로 스며드는
한 줌의 모래를 발가락으로 씹으며
어석어석 절망 아닌 것들의
감촉을 더듬곤 했다

영동선,
돌아온 길은 언제나
떠났던 기억 너머로 흐려진
떠나간 자들의 이정
항시 돌아다 뵈는 쪽으로만 멀어진
고단한 청춘의 행선 위에는
어긋난 결심 같은 겨울눈이
동으로 동으로 날리고 있었다

눈 오는 밤

무슨 처단이라도 기다리나
가늘게 고개 떨군
가로등 목덜미 위에
따스한 밤눈이 덮입니다

무슨 잘못들을 했나
손잡이마다 손을 묶인 사람들
머리 조아리고 흔들려 가는
변두리 시내버스 지붕 위에도
따스하게 눈이 덮입니다

오늘 밤은 저 먼 나라
스크루지라던가 하는
이름도 고약하게 퉁명스러운
그 영감네 창가에도
따스한 눈이 올 것 같습니다

이런 밤에는

요전 날 얼굴 붉히며
험한 말 주고받았던
친구 놈 손목 잡아끌고
대폿집 미닫이
드르륵 밀고 들어가
쪽유리마다 발그라니
연탄불 스미는 걸 바라보다가
미안하다,
내가 미안하다는
눈송이를 닮은 탐스런 말
문득 건넬 수도 있겠습니다

여수행 기차간

여수행 기차간
늙은 아낙들 소리
밥에 관한
김장값에 관한
관절염 도진 무릎에 관한
눈썹 문신에 관한
요즘 힘 못 쓰는 서방에 관한
그 수두룩한 결핍에 관한
원색의 아우성

단풍 구경을 간다는군
푸른 세월이 올올이 빠져나가고
마른 잎처럼 얇아진 가슴의 여자들
노랗게 발갛게 가을이 되어
단풍 보러 간다는군

폐경을 지나는 물 마른 산
저 아우성들 산비탈을 두들겨

이파리 툭툭 떨어져 날리고
도토리 투두둑 쏟아져 내리면
늦가을만 걸린 참나무 꼭대기로
첫눈 머금은 하늘이 열리겠지

찻간마다 분 냄새
와자하게 쏟아놓고
저 하늘로 기차라도 끌고 갈 듯
풍만한 엉덩이가 가벼워진
가을, 여자들

붉은 꽃

지금보다 훨씬 더 추웠다는 그 시절
별도 얼어 못 박힌 엄동의 새벽에
댐인가 저수지인가를 만든다는 공사장에
사십 리 길을 걸어 다녔다 한다

나의 젊은 아비는

차가운 길을 나서기 전 한 번 더
잠든 어린것의 얼굴을 보고 싶었던 것이고
오줌이 마려웠던가 어렴풋 눈을 뜬
입김 하얗던 방안
희미한 어둠 속에서
그 거칠고 무뚝뚝하던 아비의 얼굴이
이상히도 환했던 걸 기억한다
짚어 보니 아비의 얼굴이 그보다 더
가깝고도 따스했던 적은 다시 없었다

살을 저며 오는 겨울의 노동 속으로

찬밥 한 덩이를 싸들고 돈벌이를 나서던
아비의 그 얼굴을
그토록 꼼짝없이 붉은 꽃으로 피게 했던
그때의 나는 가난한 아비에게 무엇이었던가

그리고 지금의 나는

축수(祝壽)

흑싸리 껍데기 두 장 쥔
아버지의 화투
낙장불입, 절치부심
아버지의 분투

풍성할 것 없는 가을걷이
벌써 옛일인 듯 등이 굽은 마을
낡은 털신들이
코마다 소복이 눈송이를 얹고
세월을 망보는
동리 사랑방

필사의 파이팅으로
여든 고개를 넘기는
아버지의 겨울
그대로,
그 맹렬한 전의로
한 십 년만 더

아버지,

못 먹어도 고!

메밀국수

 아버지가 내 나이쯤 먹었을 때였나. 농사꾼들 다 그렇듯 좋게는 못 먹어도 많이는 먹어야 힘을 쓰는 법인데, 하루는 무슨 일로 아버지와 농사꾼 친구 하나가 서울엘 왔다가, 밥때가 되어 이 집 저 집 식당을 찾다가는, 만만한 국수로나 푸지게 배를 채울 요량으로 국수집 문을 밀고 들어갔더랍니다. 칼국수 콩국수 잔치국수야 촌에서도 일쑤 먹는 것, 서울 사람 먹는 것 한번 먹어보자고 메밀국수를 한 판씩 시켰다지요. 한데 메밀국수 나온 걸 보니 손바닥만 한 채반에 사리 한 덩이 달랑. 이걸로 무슨 요기가 되나, 기가 차더랍니다. 서울 사람들 원래 많이 안 먹는다더군, 물가가 비싼 데니 그럴 만도 하겠군. 둘은 서로 그럴 듯한 짐작을 주고받으며 섭섭한 식사를 마쳤답니다. 어쨌거나 마뜩찮아도 먹긴 먹었으니 주머니 털어 돈을 내고 문을 나섰는데 식당 주인이 부리나케 부르더랍니다. 저 밑에 한 판은 왜 남기셨느냐, 먹다 말고 왜 갑자기 나가시느냐, 주인은 빤히 쳐다보고, 서울 사람들 턱마다 주렁주렁 국수를 매달고 웃더랍니다. 오십 평생 메밀국수 처음사 먹어 본 그들, 복 달아나게 무슨 음식을 포개주느냐고

들으란 건지 말란 건지 툴툴거리며 서로 말도 없이 남은 국수 삼켜버리고는 바쁜 일이나 있다는 듯 나왔다는 겁니다. 아버지 지금도 오다가다 그 얘길 하며 메밀밭처럼 흐드러진 웃음 쏟아놓곤 합니다.

눈물의 이력

고운 빛이라곤
뒤란 언덕바지 장독 틈에
진달래 분홍 꽃이 전부인 집
불 식은 아궁이엔 유산처럼
어미의 울음소리가 살았습니다

먼 신작로 포플러나무 사이로
완행버스가 뽀얗게 멀어지는 대낮은
괜히 먼 산에서 뻐꾸기도 울었습니다

내 친구 계집애가 새엄마의 아들
키 큰 제 새오빠하고만 친한 게 서운해
어린 소처럼 앞발을 저으며
눈물방울 훔친 날이 있습니다

수염 나던 무렵엔 낡은 시집에서
「별 헤는 밤」을 읽고 또 읽다가
패, 경, 옥 이런 이국 소녀들의 이름과

멀리 있는 어머니를 부르며
촛농 같은 하얀 눈물에
온몸이 젖은 날이 있습니다

사랑은 반 뼘 마음속을 맴돌고
기다림은 꿈속에도 멀기만 해서
물새처럼 젖은 눈을
노을에 씻은 젊은 날 있습니다

차라리 외로움이면 견뎌도 보겠지만
차마 끊을 수도 없는 인연이 고달파
기운 봄날의 목련처럼 툭툭
눈물 위에 떨어져 누운 날 있습니다

어느덧 눈물은 흙이 되는 나이
지금도 시시때때로
마음의 하구로 깊은 강이 흐르고
바다로 떠내려간 눈물이

달 없는 강기슭을 거슬러와
모래톱에 스며드는 밤이 있습니다

감춰둔 눈물방울을 꺼내 만지작거리는
천식 앓는 듯한 새벽이 가끔 있습니다

검색

벌들도 가끔 부부 싸움하는지
꽃들에게 물어보렴
어떤 감자는 왜 자주꽃을 피우는지
농부에게 물어보렴
바람도 잘 때 잠꼬대를 하는지
떡갈나무 잎들에게 물어보렴
예쁜 아가씨를 지나칠 땐 새들도 날갯짓을 늦추는지
구름에게 물어보렴
해가 바다에 잠길 때 신을 벗는지 안 벗는지
노을에게 물어보렴
비 오는 날 그림자들은 어디 선술집에라도 몰려가는지
빗방울에게 물어보렴
겨울밤 지하철 계단 할머니의
다 못 판 채소는 누가 사주는지
별들에게 물어보렴

궁금한 것 죄다 인터넷에 묻지 말고

오래된 엽서

잘 비워진 마음에 바람이 스쳐
오래된 엽서 위에 손을 얹으면
손바닥 가득
좋은 이름 고이는 때가 있다
세월처럼 굽은 엽서의 등이
한없이 따스해
손금을 타고 미소가 퍼질 때가 있다

아찔하게
좋던 때가 있었다
마음 하나 이 속에 쏘옥 들어와 살던 때
참으로 허물 적은 사랑은
세상일에 어리석은 이들의 것이리니
힘닿는 데까지 가난한 사랑을 하리라
서툴고 장한 결심을
잘라진 거울처럼 나누어 품고
겨울새의 노래를 듣던 때
들찔레의 향내를 맡던 때

삼나무 가지 끝
눈 시린 하늘을 바라보던 때

주고받을 것 적었으나
벗은 발등 위로 찬바람이 지났으나
심장이 뛸 때마다
내 푸른 그림자 찢어질 듯 펄럭이던
기가 찬 사랑의 한때가 있었다

아줌마

내가 날 때부터
우리 집 옆집 살던 아줌마
충청도 어디서 시집왔다던
어린 눈에도 눈썹이 참 예뻤던 아줌마
예쁜 딸을 두었던
아들을 못 낳았던 아줌마
당신의 딸만큼 나를 귀히 여기던
날 보면 좋아하던 아줌마
엄마와 소리 낮은 얘기를 주고받을 때
산그늘처럼 쓸쓸히 웃던 아줌마
이태 전 딸을 보내고
지금은 남편도 떠나 혼자인 아줌마
혼자 사는 기둥 굽은 집 마루를
깨끗이도 닦아놓고
뒷마당 텃밭에 가을배추처럼 웅크린 아줌마
어쩌다 고향 마을에 들러 고샅을 돌다가
계신가 하고 낡은 대문을 밀어보면
복사꽃 같던 옛날의 그 얼굴을 하고

서울 가서 큰일 한다고 얼마나 애쓰느냐고
올려보는 간곡한 눈에 눈물이 그득한 아줌마
내년 봄에 다시 오면 계실까 안 계실까
돌아서다 다시 돌아본 낮은 문턱 너머
흔드는 손이 적막한 아줌마

물어볼까

밑도 끝도 없이,
그러고도 부끄럽지 않으냐고
아무에게 물어볼까

그러면 누구는
내가 뭘 어쨌냐며
희번득 눈을 부라릴 테고,
또 누구는
그러는 넌 얼마나 떳떳하냐고
벌컥 핏대를 세울 테지만,
그래도 누구 하나쯤
나직이 고개 끄덕이며
부끄러운 일
어디 한두 가지겠냐고
미안한 눈길
주지 않을까

그래,

부끄러움을 모르는 자들은

모르지

부끄럽지 않기가

얼마나 힘든지를

뉘우침

불국사 부처님을
뵈러 갔더니
삼십 년 만인데도
옛적 그대로
아래만 내려보고
계셨습니다

그동안 턱 치켜들고
이겼다 생각하며
살았던 날들이
치욕인 듯 아파 와
석탑 따라 우두커니
겨울비 맞고
서 있었습니다

안심

지도 펴놓고 보니
반도가
소금바다 푸른 물에 잠겨 있네
행여 썩더라도
아주 썩지는 않을 듯도 하네
부디
그랬으면 좋겠네

구룡포 고래 떼

구룡포 방파제 끝에
팔 벌리고 섰더니
히야— 저게 뭐야
이마가 미끈한 고래 떼가
철푸덕 첨벙
세찬 자맥질로
바닷길을 때리며 몰려옵니다

어디 이마만 그런가요
두 눈은 태평양
코발트빛보다 깊고 푸른데
웬걸,
거기 의젓하게
독도가 들어앉아 있습니다

미쁘기가 한량없는
반도의 막내 독도가
왜의 땅으론 등을 탁 돌리고

구룡포로 눈을 딱 맞추고 앉아서
고래 떼 풀었다 당겼다
해종일 물장난을 치며
제집 마당 동해바다 한가득
까르르 까르르
웃음을 쏟아놓고 있습니다

불국사 부처님

중학교 이 학년
수학여행 때 오고
꼭 삼십 년 만에
다시 왔는데
여전히 그 자리에
앉아 계시네

석가탑 다보탑 돌아
부처님 앞에 서니
자네 왔는가, 하시네
그새 주름이 좀
느신 듯도 하네

아무 말씀 드리지 않았네
토함산 아래
가부좌로 계신다고
못난 사내 살아온 곡절
하마 모르실텐가

그냥 그 미소만
바라보다 돌아서
자하문 건너온 바람을 안고
대웅전 계단 내려서는데
또 보세,
삼십 년 뒤쯤 될 텐가,
하시네

아, 삼십 년……

토함산 남쪽 골짝
겨울비에 등이 젖네

낡은 집

독한 맘만으론 못 버티지
이 집서 새끼들 자랄 적 생각에
웃음 나서 사는 거지

밥그릇보다 약봉지가 많은 집
밥보다 약을 많이 먹은 여자 혼자 누워
천장에 누운 육 남매 자장자장 다 재우고
오늘도 마지막 밤을, 잠드는 집

제3부 섭섭한 상경

여승

늦여름 백락사
저녁 독경 소리

추녀마다 걸린 소원들
어스름에 젖는데

"바람이 불면
온몸이 아파"

누가 매달았나
가슴 시린 저 말

며칠 전 왔다는
젊은 여승

합장한 손끝에
바람이 떤다

가을, 둘레길

어찔하게 우뚝한
바위산인데
기슭은 갈꽃 치마
주름이 나긋하다

사람의 동네에서
나무의 마을로
풋잠처럼 들고 나는
산길 한나절

사람의 말들을
산에 던지고
산의 침묵을
사람에게 속삭이며
둘레길은 둥그렇게
웃고 있었다

나무와 인간의 경계에서

이쪽 한 번 저쪽 한 번
두리번거리며
흔들리는 마음을
아는지 모르는지
봉우리는 가끔
숲을 흔들어
이마에 앉은 가을 햇살을
털고 있었다

늙은 잎

살라고 살라고
비 내리는데,
됐다고 됐다고
나 한철 잘 살았으니
저 얼어가는 땅속에
움츠린 것들
겨우내 먹고살 물
주라고 주라고,
마른 몸 두르르 말아
비를 피하는
늙은 잎 한 장

무덤

몇 해 전 죽은
참두릅 순처럼 성미가 순하던
정님이네는
남편 죽고 어린것
먹일 게 없어
정님이 세 살 넘도록
젖 먹였단다
새끼 하나 저처럼
안 굶기려고
평생 마른 젖 짜내듯
살다 갔단다
그 여자 묻힌 무덤가에는
제비꽃이 여름까지 피어 있는데
해 떠도 마르지 않는
이슬 몇 방울
노상 주렁주렁 달려 있단다
정님이 주려고 달고 있단다

꽃 핀다

누굴 만나러 가나
노란 스카프의 처녀 하나
자전거 타고 간다
신호등에 멈춰선 트럭을 앞질러
차르르차르르
반짝이는 바퀴살이
삼월의 한낮을 끌고 간다
자전거 지나는 길 깨어나
통통 튀어 오른다
저거 봐라 길가에
꽃 핀다

개화기(開花期)

"꽃들이 놀라지 않게
보행에 주의해 주시기 바랍니다"

푸르른 날

코밑에 거뭇거뭇
수염 날 무렵이었나
옆자리 여자애가
참 예뻐서
왼쪽으로 오른쪽으로
느릿느릿 고개를 돌리는 척
그 아이 훔쳐보는데
무슨 주책으로
그 순간 하품이 나서
찌그러진 얼굴을 들키고 말았다
빙충맞게 주섬주섬
젖은 눈썹을 추스르는데
그때 여자애가
하품을 뻐억— 했다
입도 안 가리고
분홍색 목젖을 다 보였다
옳거니
나와 그 예쁜 애

눈물 그렁그렁한 눈으로
통한 날 있었다
차창 밖이
온통 초록이던 날

연리지(連理枝)
— 어느 신부에게

연리지 되시기를

햇살이 반듯한 언덕에
미더운 깊이로 뿌리를 묻고
가장 실팍한 가지 내밀어 서로 맞잡고
똑같이 키 크는 나무 한 쌍 되시기를

푸르른 날에는 함께 숲을 이루고
바람 찬 날에는 함께 바람을 이기는
그렇게 손 붙잡고 하늘 향해 돋움 하는
맑은 잎 주렁주렁한 나무 한 쌍 되시기를

겨울 오면 제 잎 떨궈 짝의 몸 덮어주고
빈 들 스산해도 얘깃거리 더 소복한
그때 뿌리는 언 땅보다도 더 굳게
서로를 참으로 꼭 쥐고 놓지 않는
힘센 마음 가진 나무 한 쌍 되시기를

어둠

어둠이 와서
내 속의 어둠을 만져,
누이 같은 어둠이 와서
내 속의 어둠을 다독여,
스르르
내 속의 어둠을 풀어놓고
새벽이면
세상의 다른 쪽
또 하나의
어둠을 달래러 간다
어둠은
끝까지
어둠을 만져주러
어두운 곳으로만
간다

그림자에게

오늘은 나 문득
자리를 바꿔
네가 되었으면 싶구나
엎드리지 않고는
닿을 수 없는
가장 멀고 낮은 거기
사는 동안 너무 쉽게 뿌려둔
사랑이라는 거짓
용서라는 거짓
웃음이라는 거짓
그 거짓의 약속들을 지우며
한마디 말없이
변명도 없이
고요히 네 걸음을
따르고 싶구나
죽어도 이것만은
진심이라는
마지막 거짓의 다짐까지도

산그늘 깊은 물빛
바람의 무늬로 풀어서
솟은 길이나
패인 길이나
너처럼 출렁출렁
흐르고 싶구나
날이 흐리고
네가 오늘은
더 가볍구나

가자, 아이야

아이야, 가자
육지 끝 어디쯤 가서
절벽을 딛고 서자

바위를 때리고 튀어 오르는
물보라를 맞으면
후드득후드득
물비린내 와자하게
시퍼런 점묘화 하나
피어날 것이다

뭍과 물의 경계
밀물과 썰물의 경계
정박과 출항의 경계
그 모든 경계에는
싸움이 있단다

보아라

태양 같은 눈알로 보아라
비늘처럼 반짝이는 정신으로
보아라

저 경계가 밀고 밀리며
어떻게 해안선은 생겨나는지
이 땅의 거친 들숨과 날숨이
어떻게 곶과 만을 빚어내는지
너를 낳은 사람들의 역사가
어떻게 넘어지고 일어서는지

올 땐
바닷물이 뚝뚝 듣는
생선이랑 굴이랑 담아서 오자
그것 날로 먹고
파도소리 철썩대는 목소리로
싱싱한 노래를 하며
살자, 아이야

섭섭한 상경

학군 좋다는 이 동네
아침부터 이사 트럭이 짐을 부려놓네요
번호판을 보아하니 남쪽 먼 마을에서 왔네요
아빠는 통화가 바쁘고 엄마는 집 간섭이 바쁘고
엄마 아빠 마음은 어지간히 분주한데
아이만 잔뜩 풀이 죽어 있네요
그놈 똘똘하다 시골서 칭찬들 많았겠죠
서울 애들마냥 좋다는 학교도 보내고
보란 듯이 키워보자 살뜰한 궁리 있었겠죠
아파트 복도마다 학원 전단지가 빼곡하니
오는 날부터 마음이 와락 바쁠 법도 한데요
그런데 아이는 줄곧 풀이 죽어 있네요
놀이터에 강아지 뛰는 걸 바라보네요
시골 동네 이웃에 주고 온 강아지가 잘 있을지
동구 밖 미루나무 줄 끊어진 방패연이
뱅글뱅글 맴을 그리며 저 기다릴 생각을 하니
서울 가면 게임기도 핸드폰도 사 주고
놀이공원도 가고 맛난 것도 사 먹자던

엄마 아빠 약속도 한심하기만 하고
송아지가 헤집고 나온 미나리꽝처럼
마음은 온통 엉망진창이네요

내 편

아무도 내 편이 없다고 느껴지는 날
고요가 쓰라린 밤이 문득 찾아오면
잠든 아이의 얼굴을 내려다봅니다
꽃술처럼 가지런한 속눈썹도 내 편
귓바퀴에 하늘거리는 솜털도
맑은 볼 속 파아란 실핏줄도 내 편
코끝에 송글송글한 땀방울도
장난기가 다닥다닥한 입술 주름도 내 편
고요하고 따스한 숨소리도
콩닥거리는 심장 소리도 내 편
분홍빛 투명한 새끼손가락도
손톱 밑에 반달도 내 편, 내 편
꼬물꼬물 키를 다투는 발가락도 내 편
송두리째 다 내 편입니다
그런데 저 아이에게도 때로는
아무도 제 편이 아닌 날이,
세상에 제 편이 하나도 없는 날이 있겠지요
혹시 지금도 속울음에 젖은 하루를 덮고

백 마리 외로운 양을 세다 잠든 건 아닐는지요
나는 그것도 모르는 남의 편인 아빠는 아닐지요
나는 얼마큼이나 저 아이의 편이었나 생각하는 마음에
촛불을 끄듯 찬바람이 스칩니다
미안한 마음이 사무치는 밤
잠든 아이의 이마에 손을 얹고 우두커니 잠을 잊는 밤에
누가 뭐래도 나는 모두 다 아빠의 편이라고
찻잔 속 물동그라미처럼 웃어주는
꽃 같은 내 편이 온 방 가득 환합니다

세모(歲暮)에

욕심이 헐거워진
저녁에
삼백육십오 일
칸마다 깨끗한
탁상 달력
놓여 있구나

지난해
나 너무 많이 살았구나
낮으로 저녁으로
나 아닌 사람들과
약속이 너무 많았구나
내 것 아닌 것들
너무 많이 넘겨다보며
나 아닌 것들에
마음 너무 많이
주었구나

새해는
나에게로
귀향하듯 살자
날마다 비워두고
약속도 접어두고
침묵하며
나에게로 가자
외로운 나
가끔 불러내어
술 한잔 사주고
나의 외롭고 친한 친구로
살자

코스모스

한 덩이 뽑히니
두어 덩이 흙무더기
달려 나오네,
예닐곱 꽃줄기
온 하늘을 흔들며
뽑혀 나오네

저, 실뿌리
가장 여린 핏줄들의
가장 힘센 결속

그렇구나 그래서,
너희가
피었다 하면
아무 데나
밭이 되는구나
꽃밭,

일어섰다 하면
나란나란 어깨를 걸어
길이 되는구나
꽃길

산사(山寺)

수덕사 대웅전 높은 마당 아래
맑은 물 흐르는 시내가 있어
물소리에 이끌려 돌다리를 건너니
비구니 한 분 요사채 작은 뜰을 쓸고 계시네
그 아래 인간 사는 마을로 길이 통하나
조심스레 말 건네 물어봤더니
이쪽으론 내려가는 길 없습니다, 하고
눈 덮인 덕숭산 꼭대기 구름을 보네
아, 발밑으론 천 길 벼랑을 세워 두고
눈길은 구름 위로 또 한 계단을 깎네
사하촌(寺下村)에 개 짖는 소리도 그친 오후

제4부 소란보다 아픈 고요

저녁 포구

가을에 와 닿는 일은
저녁 포구에 빈 배를 묶고
담배 하나 피워 무는 일
비바람의 한철 빠져나간 자리
찢어진 그물을 그러매는 일
부두에 흩어진 비늘
그 눈물의 무늬들을 헹구며
무릎 일으켜 사는 게 어쩌면
해국(海菊) 떨기 피었다 지는 일과 같다고
밤바다를 따라 입을 닫는 일
태풍 지나간 바닷가 언덕에
칠십 먹은 가을이 오는 일은

소래포구길

길을 걸어서,
땀이 흐르도록
자꾸 걸어서,
욕심이 순해질 때까지
자꾸 걸어서

오래 곤 국물 같은
한 뚝배기의
나만 남게,
소래 염전 소금처럼
눈부시게 외로운
그림자만 남게,
바람 불면
겨드랑이 사뿐한
가난만 남게

끝내 이대로
길만 남게

저녁 무렵
— 12월

사람들은 모두
두 주머니 불룩하게
엷어진 햇살 거두어
제 집으로 가는데

나무는 뿌리끼리
꼭꼭 팔짱을 끼고
손바닥만 한 저녁 햇살을
나누어 가진다

눈 온 아침
― 1월

큰 눈에 길이 묻혀
가는 길이 다 새 길이다
차들이 사라진 네거리를
개 한 마리 종종종종
가로질러 간다

저랬을까 그날
이 세상의 첫날

하얀 무법의 아침이
싱싱하다

기별
— 2월

고드름이 짧아졌다

뚝. 뚝. 뚝.
눈물 떨구고
겨울이 가벼워졌다는
기별

봄 오던 날
―3월

겨우내 빈 가슴이던 벤치가
두 팔 가득 햇살을 끌어안고
젊은 것들처럼 목을 부벼대길래
똑바로 바라보지 못하고
일없이 먼 길을 돌아서 왔다

빈 가슴의 것들에게
저리도 목말랐던
봄

저수지에서
— 4월

벌써 며칠째
산철쭉 망울 터지는 소리
하늘 자욱이 불온한 허기
저수지 풀섶에 올라앉은 쪽배
달뜬 마음 둘 데 없어서
젖은 허리춤을
바람에 말린다

하얀 핑계
―5월

어디서 훅―
향수 냄새 풍긴다
하얀 치마
나풀대며 지나간다
민망해라
대낮에
늙은 사내 불끈 솟았다
아카시아꽃 천지라
어쩔 수가 없다
5월이다
봄! 봄!

첫여름
—6월

은빛 알루미늄 방망이
파란 하늘 하얀 포물선
첫여름
넝쿨장미 막 피어난 담장 너머
소녀의 집
유리창 깨지는 소리
풋사랑을 들킨 소년에게
장미에 입 맞추다 놀란 소녀에게
두근두근
6월이 오다

늙은 개
―7월

홑이불
빨래 그늘 속에
늙은 개
배 깔고 누웠다
툇마루 낡은 기둥
중복 날짜 콱 박힌
종묘상 달력
실눈으로 꼬나보다가
일없다고
지그시
눈 감고 잔다
개가 저 정도는 돼야지
요즘 도시 개들은
개도 아니다

도라지꽃
—8월

잠깐,
도라지 꽃잎에
구름 지나는 중
그리움은
보랏빛이다

처서 즈음
—9월

처서 지나 달 없는 며칠 밤을
대숲에 맑은 소리 사각대더니
옛날 우리 아버지 낫 갈던 솜씨로
숫돌에 초승달을 갈아 띄웠네

아픈 고요
— 10월

꽃 그림자 하나에
외로운 산사가 덮였다

소란보다 아픈 고요

가을, 바람 불고
뜨거웠던 이름 하나
진다, 내 가슴에

단풍잎
— 11월

마당 쓸던 늙은 경비는
오라질 잎 빨리 안 떨어진다 타박하고

늙은 단풍잎 그 소리 듣고
얼굴 더 붉어 마디를 오그리고

가을은 바람 한 줄기 풀어
누가 이기나 보고 있고

감

감처럼 떫다가
감처럼 떫다가
늦가을 햇살 닮은
높고 외로운 한 분을 뵈오면
그때 말캉말캉
연한 마음 되겠습니다

사람 손 닿지 않는 가지 끝
발갛게 시린 꿈을 등 밝혀
겨울새 돌아오는 하늘길에
걸겠습니다

한 번 밝혀 매단 뜻이거늘
서리 맞아 속살 터진들
헛된 시름 품겠습니까

늦겨울

고드름 하나
툭, 떨어져
언 땅에 몸을 부순다

겨우내
시린 눈물 뽑아
마디마디
탑 쌓아 내리더니

저녁 해 이우는
어느 적막에
깨달음 하나
얻었다는 듯

해설

문득 아픈 일상의 고요

조동범 시인

1. 일상성의 세계와 시의 세계

현대에 이르러 등장하게 된 일상은 무의미한 순간들로 이루어진 삶의 조각들이다. 그것은 파편화된 것인데, 그것들이 모여 우리 삶의 영역을 이루게 된다. 일상은 근대 이전에는 존재하지 않았던 개념이다. 현대 이전의 삶은 모든 것들이 확고한 의미를 지니는, 유의미한 것들이었다. 현대 이후에 이르러 일상은 탄생하게 되었다. 이와 같은 일상은 삶의 단편적인 조각이라는 의미에 그치지 않고, 현대의 삶을 포괄하는 것이 되어버렸다.

현대사회 속에서 시는 이러한 무의미한 순간들을 포착하여 하나의 의미를 이루고자 한다. 그것은 의미 없는 순간들의 모음일 수 있지만, 의미 없는 세계가 곧 우리의 삶이므로 이러한 일상의 포착은 시의 중요한 지점이 될 수밖에 없는 것이다. 대체적으로 많은 시인들은 이와 같은 일상을 통해 시적 세계를 마련하고자 한다. 시 속의 사건들은 특별한 사건을 상정하지 않아도 삶의 본질을 포착하는 중요한 순간들로 기능하게 된다.

  불 다 꺼졌다. 한 작은 젊음에게 맡겨두고 세상 잠들었다. 밤새 편의점에서 젊음이 팔린다. 겉이 말끔한 비싼 가게에서 겉이 말끔한 값싼 젊음이 팔린다. 있을 건 다 있는 가게에서 있는 건 젊음뿐인 젊음이 하루를 판다. 폐쇄회로 카메라가 스물네 시간 젊음을 팔고, 스물네 살 젊음이 스물네 시간 내내 팔린다. 까만 밤, 어항처럼 투명한 방에 갇힌 젊음이 뜬눈으로 꿈을 꾼다. 도저히 깨지지 않을 것 같은, 단단한 저 유리벽 속에서 갈 곳 없는 꿈이 뻣뻣한 지느러미를 꿈틀댄다. 이력서 한 줄 채우지 못할 스물네 살의 고단한 밤, 패밀리마트.

                              —「패밀리마트」 전문

"패밀리마트"는 현대의 삶을 표상하는 대표적인 장소이다. 그곳의 조명은 꺼지지 않고 언제나 찬란하다. 그러나 현대의 삶이 그런 것처럼 "패밀리마트"는 화려함의 이면에 비극을 함의하고 있는 곳이다. 시인의 육신은 바로 이

와 같은 도시의 공간에 자리 잡고 있는데, 그렇기 때문에 시인이 느끼는 삶의 참혹함은 자연스러운 것이기도 하다. 물론 이 시가 오성일 시의 전반적인 특성을 대표하는 것은 아니다. 오히려 오성일의 시는 "패밀리마트"라고 하는 도시적 정서와는 일정한 거리를 두고 있기까지 하다. 그럼에도 불구하고 이 글의 앞에 「패밀리마트」를 언급한 것은, 시인이 감지한 일상의 모습들이 결국 이러한 현대적 삶의 국면과 밀접한 연관을 맺고 있기 때문이다. 우리가 살고 있는 현실 세계의 비극성 속에 일상은 탄생한 것이다. 그러한 일상성은 이 시집의 중요한 주제로 기능하게 된다. 그런 점에서 "패밀리마트"는 이 시집의 중요한 시적 출발점이자 공간이 된다. 다만 오성일은 이러한 주제를 통해 도시적 삶의 한 극단을 표현하기보다는 일상적 국면이 주는 '사소한 발견'에 더 많은 공력을 기울인다.

이러한 도시적 공간 속에 존재하는 오성일의 시는 일상의 평범한 순간을 포착하여 시인의 정서를 드러내고자 한다. 일반적으로 이러한 경우에 나타나는 시인의 삶은 누구나 경험할 수 있는 것이지만, 누구나 그러한 지점을 포착할 수는 없다는 점에서 독자들에게 특별한 정서와 감흥을 제공하게 된다. 오성일의 시는 일상에 대한 시인의 예리한 해석에 다름 아니다. 삶의 주변부에서 흔히 볼 수 있는 정황을 통해 시인은 특별한 시적 세계를 펼쳐 보이기를 언제나 희망한다. 또한 오성일의 시는 일상적인 시적 정황뿐만 아니라 보편적 정서를 기반으로 하는 서정의 지점까지 아우르려는 노력을 기울인다.

서정은 시인과 시적 화자가 느끼는 감정의 드러냄이다. 서정은 시인의 내면과 밀착될 수밖에 없다는 점에서 시인이 바라보는 세계에 대한 시적 해석이 된다. 다만 서정의 영역을 진술로만, 그리고 진술을 해석적 진술로만 이해하게 된다면 그것은 일차적 감정의 표출이 될 여지가 많다. 아울러 이렇게 드러난 시인의 감정은 주관화된 상태에 머물게 됨으로써 객관적 정서를 보여주지 못할 여지가 생기기도 한다. 서정적 자아가 갖는 내적 발화는 그것의 주관화된 감정 상태에도 불구하고 언제나 객관적 양상을 확보해야만 한다. 오성일의 시는 이러한 객관적 양상을 확보하기 위해 독자들에게 끊임없이 동의를 구하고자 한다. 그리하여 독자들은 그의 시를 통해 보편적 정서와 사유를 공유할 수 있게 되는 것이다.

2. 일상적 삶의 발견과 깊이의 시학

오성일이 발견한 일상적 삶은 사소한 사건들을 통해 펼쳐 보이는 특별한 시적 해석이다. 이때 시인과 시적 화자의 시선은 삶의 주변부를 맴돌 수밖에 없는 것이다. 오성일은 일상이 주는 시적 사유의 세계를 포착하기 위해 생활의 순간들에 시선을 집중한다. 그의 시선은 생활을 벗어나기를 희망하지 않는다. 그러나 그의 시가 생활의 테두리를 벗어나지 않는다고 해서 사소함의 국면에만 몰두하는 것은 아니다. 오히려 그는 폐허로서의 시적 자아의 심정과, 그러한 시적 자아가 몸담고 있는 현실의 고통을 드러내고자 하는 경우가 많다. 또한 고통의 현실적 조망이 아닌 경우에도 화자의 시적 정서는 차분한 어조로 삶을 관조한다. 그런 점에서 오성일의 시는 대체적으로 변두리의 삶을 조망하는 경우가 많다.

복개되지 않은 개천은/하루치의 악다구니를 내다버리기에 안성맞춤이었다/송전선에선 바람이 불 때마다 웅웅 울음소리가 났다/얼음 속에 말라 굳은 비둘기의 주검/썩지 못하고 얼어붙은 지난가을의 낙엽/세탁소 창 너머엔 다리미가 세워져 있고/부부는 묵은 김치로 때 지난 점심을 먹고 있었다/라디오에선 오늘도 어제와 똑같은 노래/(중략)/막차를 타고 온 사람들의 손에서는/검정 비닐봉지들이 파륵파륵 달빛 긁는 소리를 냈다/의정부행 전동차에 맞고 튄 돌멩이 하나가/비탈진 골목의 밤하늘을 가로지르고/처마가 낮은 집에 잠시 불이 켜졌다가 꺼졌다/지금은 겨울이라고 했고/다들 아무 시비도 없이 겨울은 추운 거라 했다/낡은 타이어가 얹힌 슬레이트

지붕 위로/축 재개발조합 설립 현수막이/환영처럼 나부끼는
밤이 있었다

　　　　　　　　　　　　　　　—「겨울, 변두리」부분

　재개발이 진행 중인 곳에서의 삶은 오늘날을 살아가는 우리들의 슬픈 자화상이기도 하다. 우리의 일상은 풍요로움으로의 모습이 아니라 고단한 삶의 모습으로 현현한다. 이러한 일상의 비극성은 사실 새삼스러운 것은 아니다. 일상의 탄생이 비극을 전제로 하고 있음을 감안한다면 우리 삶의 보편적 일상은 이러한 비극적 삶의 국면 위에 펼쳐지는 것이다. 문학작품 속에 등장하는 변두리 삶의 국면은 그리하여 낯익은 감각을 통해 우리에게 익숙하게 다가온다. 우리의 삶은 "하루치의 악다구니를 내다버리기에 안성맞춤"이며 "얼음 속의 말라 굳은 비둘기의 주검"과도 같은 것이다. 그리고 일상은 반복되는 것을 전제로 한다. 일회적 사건은 특별한 의미를 지닌 '사건'이지만 일상은 무의미한 것들의 반복적 양상을 통해 나타나기 때문이다. 「겨울, 변두리」에서 시인은 "라디오에선 오늘도 어제와 똑같은 노래"가 흘러나오고 있다고 말한다. '똑같은' 것들의 의미 없는 반복은 일상의 다른 이름이기도 하다. 시인은 이처럼 반복되는 변두리의 일상을 포착함으로써 비극적 일상의 국면을 드러내고자 한다.

시인은 변두리의 겨울을 통해 "재개발조합 설립 현수막"처럼 뿌리 뽑힌 삶을 조망한다. 그리고 이러한 삶은 "환영처럼 나부끼는 밤"일 수밖에 없다. 변두리 재개발 지역의 삶의 고단함은 새롭지 않은 것일지도 모른다. 재개발 지역의 삶의 국면은 문학작품 안에 익숙하게 등장하는 것이기 때문이다. 그러나 오성일은 절제된 감정을 통해 담담하게 재개발 지역의 풍경을 재현함으로써 절제된 감정 상태가 전달하는 감동과 울림을 만들어낸다. 고단한 삶과 세계의 단면을 바라보려고 애쓰는 시인은, 때로는 사소한 장면에 주목하기도 하지만 아무래도 그의 시가 빛나는 지점은 이러한 고단한 삶을 조망하는 순간이다. 아래의 「영동선」 역시 "집창촌의 불빛"과 밤기차의 고단한 여정을 결합하여 고단한 여정으로서의 삶의 의미를 되짚어본다.

　　밤기차를 배웅하는 건
　　언제나 집창촌의 불빛이었다
　　기차는 녹슨 궤도를 더듬어
　　차가운 고장의 도계(道界)를 건너고
　　주먹눈은 어둠보다 무거운 두께로
　　달려온 길을 지우고 있었다
　　강릉,

종착역은 있어도

목적지는 없었던 시절

철길 끝에 바다가 있다는,

더러는 거기서 해를 보았다는 소문을

떠난 사랑의 주소가 적힌

구겨진 쪽지처럼 주머니에 감추고

등대 모퉁이처럼 쓸쓸한 젊음은

해진 운동화 틈새로 스며드는

한 줌의 모래를 발가락으로 씹으며

어석어석 절망 아닌 것들의

감촉을 더듬곤 했다

영동선,

돌아온 길은 언제나

떠났던 기억 너머로 흐려진

떠나간 자들의 이정

항시 돌아다 뵈는 쪽으로만 멀어진

고단한 청춘의 행선 위에는

어긋난 결심 같은 겨울눈이

동으로 동으로 날리고 있었다

—「영동선」 전문

"집창촌의 불빛"은 우리 삶의 실체와 다르지 않은 것이다. 아울러 우리의 삶은 "밤기차"와 같은 것이며, 그러한 우리 삶을 배웅하는 것 역시 "집창촌의 불빛"과 같은 폐허의 순간들일지도 모른다. 시인은 "목적지 없었던 시절"을 향해 가는 삶의 모습을 기차의 모습을 통해 막막하고 처연하게 재현한다. 그리고 그렇게 달려가는 기차의 궤적은 "길을 지우고" 있다고 말한다. 결국 오성일이 파악한 현실은 이처럼 막막한 폐허로서의 지점이다. 그렇기 때문에 그의 시에 등장하는 일상은 언뜻 보아 느껴지는, 사소한 삶의 한 단면들이라기보다는 소멸되고 유폐되는 것들을 통해 파악하고자 하는 삶에 대한 사투이다. 떠나온 곳은 어느덧 멀고, 기억은 이제 지나온 저편으로 서서히 소멸에 이른다. 그리하여 그것은 "떠나간 자들의 이정"이 되기도 한다. 시인은 영동선의 철길 위에서 "고단한 청춘"인 우리의 삶을 더듬고, 그 삶의 "어긋난 결심 같은 겨울눈"을 오래도록 바라본다. 겨울눈은 "동으로 동으로 날리고" 있다. 눈발이 영동선의 종착지를 향해 끝이 없이 날리고 있는 것처럼 삶의 고통 역시 끝나지 않을지도 모른다. 시인은 바로 그런 끝나지 않는 삶의 고통을 응시하며 '해의 소문'과 "떠난 사랑의 주소"를 천천히 더듬고 애써 부여잡으려 하는 것이다.

오성일이 시를 통해 드러내려고 하는 것들의 중심에는 이와 같은 일상의 고단함이 깔려 있다. 그의 이러한 시적 태도는 시를 통해 흔히 느낄 수 있는 감각과 감정이지만, 그것을 객관적인 시적 시선으로 바라본다는 점은 보편적 인식의 한계를 극복하게 한다. 위에서 언급한 작품에서처럼 그의 시는 '패밀리마트'나 '집창촌'을 통해 감지할 수 있는 비극으로서의 도시적 삶에 주목한다. 혹자는 그의 시가 우리 삶의 근간을 이루고 있는 도시적 풍광으로부터 벗어나 있다고 느낄 수도 있을 것이다. 그것은 차분하게 가라앉은 오성일 시의 시적 발성과 함께 그의 시에 빈번하게 등장하는 자연물 때문이다. 오히려 그의 시는 현장감 넘치는 삶의 국면과 밀착되어 있다고 볼 수 있다. 그리고 그런 삶의 국면에 언제나 등장하는 것은 일상으로서의 인간의 삶이다.

3. 서정적 태도와 삶의 국면

오성일의 시는 인간의 삶을 적극적으로 수용함으로써 일상적 비극을 끌어안기도 하지만, 그의 시가 주는 또 다른 매력은 서정적 태도에 있다. 그의 시는 인간이 느끼는 고유의 정서에 기대어 시적 감흥을 극대화시키곤 한다. 이때의 정서는 강함보다는 차분함을, 가학적 비극보다는 피학적 비극을, 유머보다는 회한의 감각을 통해 전달된다. 그리고 사실 이러한 부분으로 인하여, 오성일 시의 서정적 특성이 주요하게 인지되는 것이다. 그러나 그의 시에 서정적 특성이 강하게 드러난다고 하더라도 그 서정의 중심에는 언제나 인간의 삶이 등장한다. 이것은 오성일 시의 중요한 개성 중의 하나이다.

보편적으로 서정은 자연 서정을 가리키는 경우가 많다. 오성일의 시에도 자연물이 빈번하게 등장하기는 하지만 자연물 자체가 시의 목적이 되는 것은 아니다. 오히려 그의 시는 자연물이 빈번하게 등장함에도 불구하고 인간의 삶이 그 중심부를 차지하고 있다. 서정의 경우, 자연 서정만이 서정을 지칭하는 것 역시 아님은 자명하다. 그런 점에서 오성일의 시가 전달하는 서정의 측면은 자연 서정보다는 인간의 삶과 맞닿아 있는 삶의 서정적 양상이라고 할 수 있다. 다음에 제시한 작품의 경우에도 인간의 삶 속에 내재해 있는 서정적 양상을 주조로 한 것이라고 볼 수 있다.

고운 빛이라곤/뒤란 언덕바지 장독 틈에/진달래 분홍 꽃이 전부인 집/불 식은 아궁이엔 유산처럼/어미의 울음소리가 살았습니다//먼 신작로 포플러나무 사이로/완행버스가 뽀얗게 멀어지는 대낮은/괜히 먼 산에서 뻐꾸기도 울었습니다//(중략)//멀리 있는 어머니를 부르며/촛농 같은 하얀 눈물에/온몸이 젖은 날이 있습니다//사랑은 반 뼘 마음속을 맴돌고

/기다림은 꿈속에도 멀기만 해서/물새처럼 젖은 눈을/노을에 씻은 젊은 날 있습니다//차라리 외로움이면 견뎌도 보겠지만/차마 끊을 수도 없는 인연이 고달파/기운 봄날의 목련처럼 툭툭/눈물 위에 떨어져 누운 날 있습니다//어느덧 눈물은 흉이 되는 나이/지금도 시시때때로/마음의 하구로 깊은 강이 흐르고/바다로 떠내려간 눈물이/달 없는 강기슭을 거슬러와/모래톱에 스며드는 밤이 있습니다//감춰둔 눈물방울을 꺼내 만지작거리는/천식 앓는 듯한 새벽이 가끔 있습니다

―「눈물의 이력」 부분

시인은 눈물과 울음이라는 감정을 포착하여 서정적 감정을 시의 전면에 배치한다. 눈물과 울음은 인간의 감정을 가장 절실하게 드러내는 표현 방식이다. 시인은 어느덧 눈물이 "흉이 되는 나이"에 이르러 먼 과거의 아스라한 추억을 떠올린다. 아련한 아픔과 슬픔을 떠올리며 시인은 "촛농 같은 하얀 눈물"을 떨어뜨리며 "온몸이 젖"는다. 「눈물의 이력」에서 시인은 과거의 기억을 소환하여, 과거의 아픔을 현재의 것으로 환원시킨다. 물론 이때 환원된 과거의 아픔은 현재진행형인 아픔이라기보다는 과거를 통해 환기되는 현재의 애상이다. 그렇기 때문에 과거의 기억은 "지금도 시시때때로/마음의 하구로 깊은 강"이 되어 흐르는 것이다. 자, 이곳에 "바다로 떠내려간 눈물이/

달 없는 강기슭을 거슬러와/모래톱에 스며드는 밤"이 있다. 시인은 바로 이 밤의 한가운데 서서 먼 과거의 기억을 소환하고, 그것을 통해 현재의 쓸쓸함과 그리움의 정서를 극대화시킨다.

>독한 맘만으론 못 버티지
>이 집서 새끼들 자랄 적 생각에
>웃음 나서 사는 거지
>
>밥그릇보다 약봉지가 많은 집
>밥보다 약을 많이 먹은 여자 혼자 누워
>천장에 누운 육 남매 자장자장 다 재우고
>오늘도 마지막 밤을, 잠드는 집
>
>―「낡은 집」 전문

>가을에 와 닿는 일은
>저녁 포구에 빈 배를 묶고
>담배 하나 피워 무는 일
>비바람의 한철 빠져나간 자리
>찢어진 그물을 그러매는 일
>부두에 흩어진 비늘
>그 눈물의 무늬들을 헹구며

무릎 일으켜 사는 게 어쩌면

해국(海菊) 떨기 피었다 지는 일과 같다고

밤바다를 따라 입을 닫는 일

태풍 지나간 바닷가 언덕에

칠십 먹은 가을이 오는 일은

—「저녁 포구」 전문

「낡은 집」은 앞서의 「눈물의 이력」과 유사한 구조를 지니고 있다. 이 시에 과거의 장면이 직접 등장하는 것은 아니지만, 과거를 기반으로 하여 현재의 아픔과 상처를 어루만지고 있다는 점이 그렇다. 시인은 이처럼 과거의 기억을 통해 그립고 쓸쓸한 순간들을 소환한다. 「저녁 포구」의 경우, 과거의 기억을 직접 소환하고 있는 것은 아니지만, 시적 화자가 포구에서 바라보는 저녁 역시 지나간 것들에 대한 기억을 기반으로 존재한다. 그것은 "저녁 포구에 빈 배를 묶고/담배 하나 피워 무는 일"과 같은 모습을 통해 나타나는데, 이때 담배를 피워 문 순간은 과거의 순간들인 "눈물의 무늬들"을 헹구는 시간이 된다. 그리고 이러한 회한에 빠진 자가 맞이하는 순간은 "칠십 먹은 가을이 오는" 시간이라고 시인은 말한다.

오성일의 시는 이처럼 회한으로서의 삶의 순간을 통해 지나간 것들을 호명하고 추억한다. 그리고 이렇게 추억의

대상이 된 것들은 오성일 시의 중요한 서정으로 기능하게 되는 것이다. 오성일 시의 서정은 이처럼 지나간 인간의 삶과 밀착되어 있다는 점에서 바로 우리 자신들의 생생한 삶의 현장이 된다. 아울러 그의 시는 서정의 경우가 아니더라도, 앞서 말한 바와 같이 구체적 사건과 국면의 정서를 통해 삶의 실체와 의미를 파악하려고 한다. 그렇게 함으로써 오성일은 서정으로부터 비롯될 수 있는 피상적 인식의 한계를 넘어서려고 한다.

문학의전당 시인선 157

문득, 아픈 고요
ⓒ 오성일

초판 1쇄 발행	2013년 6월 14일
초판 2쇄 발행	2016년 2월 5일
지은이	오성일
펴낸이	김석봉
책임편집	이현호
디자인	조동욱
펴낸곳	문학의전당
출판등록	제311-2012-000043호
주소	서울시 은평구 연서로11길 7-5 401호
편집실	서울시 마포구 공덕2동 404 풍림VIP빌딩 413호
전화	02-852-1977
팩스	02-852-1978
블로그	http://blog.naver.com/mhjd2003
전자우편	sbpoem@naver.com

ISBN 978-89-98096-32-8 03810

*이 책의 판권은 지은이와 문학의전당에 있습니다.
*양측의 서면 동의 없는 무단 전재 및 복제를 금합니다.
*잘못 만들어진 책은 바꿔드립니다.